AF364063

ORAISON FUNÈBRE

DE

M. ANDRÉ LECONTE

Ancien Doyen-Curé de Saint-Maurice

PRONONCÉE

AU JOUR DU SERVICE ANNIVERSAIRE

Le 23 Août 1879

Par M. J. LASNE

ARCHIPRÊTRE DE SAINT-MAURICE, A LILLE

LILLE

L. BERGÈS, LIBRAIRE, RUE ROYALE, 2

—

1879

ORAISON FUNÈBRE

DE

M. ANDRÉ LECONTE

Ancien Doyen-Curé de Saint-Maurice.

ORAISON FUNÈBRE

DE

M. ANDRÉ LECONTE

Ancien Doyen-Curé de Saint-Maurice

PRONONCÉE

AU JOUR DU SERVICE ANNIVERSAIRE

Le 23 Août 1879

Par M. J. LASNE

ARCHIPRÊTRE DE SAINT-MAURICE, A LILLE

LILLE

L. BERGÈS, LIBRAIRE, RUE ROYALE, 2

1879

ORAISON FUNÈBRE

DE

M. ANDRÉ LECONTE

Ancien Doyen-Curé de Saint-Maurice.

————⟿————

Bonitatem fecisti cum servo tuo, Domine, secundum verbum tuum.

Seigneur, vous avez exercé votre bonté envers votre serviteur, selon votre parole. Ps. cxviii. 45.

Mes Frères,

Un an s'est écoulé depuis la triste journée où s'est répandue comme l'éclair, cette douloureuse nouvelle : le bon Doyen de Saint-Maurice est mort. Et, quoique nous vivions dans un siècle où les évènements marchent si vite et entraînent le passé dans un oubli très rapide, la mémoire de ce saint prêtre est toujours vivace dans vos cœurs, comme je puis le constater par l'affluence qui se presse à son service anniversaire.

Pour moi, appelé par l'obéissance à reprendre la charge de son ministère sacré, je ne connaissais d'abord mon vénéré prédécesseur que par la bonne odeur de vie sacerdotale qu'il avait répandue dans cette cité et dans le diocèse tout entier ; et le récit des funérailles vraiment royales qui lui furent faites par le concours spontané de ses paroissiens, de ses amis et de toutes les autorités, avait encore rehaussé à mes yeux le prestige de l'impression profonde qu'il a laissée dans tous les cœurs.

Mais, depuis dix mois que je suis parmi vous, en visitant cette chère paroisse, j'ai rencontré, pour ainsi dire, à chaque pas, son pieux souvenir et la trace de ses œuvres de zèle et de charité ; j'ai rassemblé peu à peu ces traits épars, pour recomposer cette figure vénérable, telle que vous l'avez connue, et j'attendais cette solennité funèbre, pour lui rendre un hommage public, et proclamer hautement quelle profonde vénération et quelle admiration même je ressens pour sa douce et sainte mémoire.

Je le fais pour la gloire de Dieu, de qui vient tout don parfait ; je le fais aussi pour l'amour de Notre-Seigneur Jésus-Christ, dont les mérites infinis font la gloire et le mérite des prédestinés ; car, quand il choisit un prêtre selon son cœur, il répand dans son âme, dans sa personne et sa vie une grâce de sanctification qui porte tout autour de lui les fruits les plus salutaires.

M. André Leconte avait reçu de la nature une belle et
brillante intelligence, qui s'était développée dans l'étude et le
professorat; il était doué d'une éloquence très persuasive,
et, sans s'écarter d'une noble simplicité, il savait, au besoin,
déployer toutes les richesses de l'élégance la plus fleurie.

Le fond de son caractère était une grande franchise, qui se
traduisait même par une sorte de familiarité dans ses allures
et son langage. Il avait le cœur le plus large et le plus
sensible; quand il s'agissait d'une œuvre de bienfaisance ou
de charité, il ne calculait pas, il ne faisait aucune réserve
pour l'avenir; il donnait toujours; et, quand il ne donnait
plus, c'est qu'il n'avait plus rien, comme il est arrivé au
jour de sa mort, quand il fallut liquider sa succession. Le
souvenir de sa charité ne s'effacera pas, et il entourera à
jamais son nom d'une auréole de popularité méritée.

Comme prêtre, c'était un homme d'une foi vive et solide,
toujours appliqué aux devoirs de son ministère, plein de bonté
pour tous, mais surtout pour les pécheurs. Sa franchise et sa
douceur lui ouvraient un accès facile, et il en a profité bien
des fois, pour ranimer dans des âmes trop longtemps indiffé-
rentes ou hostiles l'étincelle de la foi, qui avait illuminé les
jours de leur enfance. Voilà votre bon pasteur, tel que je l'ai
vu par un regard rétrospectif, tel que je le vois tous les jours
dans ses œuvres, qui parlent pour lui après sa mort.

De ses œuvres, que vous dirai-je? Il m'est impossible
d'embrasser dans les limites d'un discours tous les événe-
ments qui se sont succédé dans cette paroisse pendant plus
de trente ans; je me bornerai à trois points : son zèle pour

la beauté de la maison de Dieu ; son zèle pour la sanctification des âmes ; son zèle pour sa propre sanctification.

1° La beauté de la maison de Dieu. C'est l'œuvre capitale de sa vie et de son ministère dans cette paroisse. Si j'interrogeais les vieillards, qui ont vu l'église de Saint-Maurice avant les travaux d'agrandissement, que diraient-ils, en la voyant aujourd'hui dans ses dimensions imposantes et majestueuses ?

M. le Doyen eut le bonheur de rencontrer dans l'Administration municipale et dans le Conseil de fabrique, des hommes assez intelligents pour comprendre son projet de restauration grandiose et pour le seconder.

Mais ce n'est pas sans peine et sans préoccupation que l'on bâtit un si vaste édifice ; le zèle du pasteur fut plusieurs fois mis à une rude épreuve : les démarches multipliées, les sacrifices personnels, les conseils, les encouragements, rien ne lui coûta pour activer sans cesse et diriger l'ardeur des maîtres et des ouvriers.

Enfin les travaux touchaient à leur terme ; sans parler de l'ornementation intérieure, à laquelle il espérait se consacrer, quand les dettes considérables de la fabrique seraient liquidées, il ne lui restait plus que deux choses à désirer : la construction de la coupole, qui existait jadis et qui devait compléter l'édifice au dedans, et une grille capable de défendre le monument contre l'infection du dehors. Mais il comptait sur un avenir plus ou moins rapproché ; et, en attendant, quand du fond de l'église, il voyait ces cinq nefs se prolonger à perte de vue, quand il contemplait les dimensions de cette vaste enceinte, quand il comptait le nombre des chaises dont il pouvait disposer, son cœur tressaillait d'allégresse, et il se rendait à lui-même ce témoignage qu'il laissait à la postérité un monument digne de cette grande cité.

Pour que son souvenir ne s'efface pas et dure autant que l'édifice, les paroissiens et les amis de M. Leconte nous ont proposé de placer dans cette église une pierre commémorative.

Déjà, grâce à une large souscription, un magnifique mausolée lui a été érigé dans le cimetière où repose sa dépouille mortelle ; mais ne fallait-il pas rappeler sa mémoire par un monument spécial dans l'église de Saint-Maurice, son œuvre de prédilection ? Nous avons sollicité l'approbation de Son Eminence Mgr l'archevêque de Cambrai, qui, en nous félicitant de notre pieux projet dans les termes les plus gracieux, a daigné se charger lui-même de poursuivre l'autorisation du Gouvernement ; et nous espérons que bientôt, toutes les formalités étant remplies, le monument funèbre sera placé à l'entrée de cette église, afin que tous ceux qui la visiteront, s'arrêtent au moins quelques instants devant la pierre commémorative du zélé pasteur, qui a dépensé la plus grande partie de sa vie sacerdotale à la beauté de la maison de Dieu : *Domine, dilexi decorem domus tuæ.*

2° Zèle pour la sanctification des âmes. C'est au prêtre plus encore qu'aux fidèles que s'applique cette belle parole de l'apôtre saint Jean : *In hoc cognovimus charitatem Dei, quoniam ille animam suam pro nobis posuit ; et nos debemus pro fratribus animas ponere* (I Joan. III. 16.) — Donner son âme pour ses frères, tel est l'abrégé de la vie de votre zélé Doyen ; et l'amour de Jésus-Christ était l'inspirateur des sacrifices continuels qu'il s'imposait pour le salut de ses frères. Ceux qui ne l'auraient jugé que par les apparences extérieures, se seraient fait une idée bien incomplète de son mérite; il y avait au-dedans de cette âme des trésors incomparables de piété et d'amour divin. Voyez ce qu'il a établi dans son église pour exciter et entretenir la piété des fidèles: le culte du Saint-Sacrement relevé, et retrouvant ses confrères et ses adorateurs toujours plus nombreux; la restauration d'un magnifique calvaire sans cesse visité par une foule de chrétiens qui s'y sentent attirés par une relique insigne de la sainte Vraie Croix et la statue antique de Jésus flagellé; la dévotion au Sacré-Cœur établie et fortement consolidée; la confrérie de N.-D. des Malades, affiliée la première à l'archiconfrérie de St-Laurent à Paris; le culte de saint Joseph, avec ses fêtes et le mois de mars qui lui est consacré, et tout cela si bien organisé et distribué avec tant de sagesse que le cycle de l'année s'y trouve compris entièrement. Ces œuvres, que je ne fais qu'énumérer, et d'autres qui s'y rattachent, montrent bien comment le bon doyen de Saint-Maurice savait comprendre la piété catholique et l'inculquer à ses chers paroissiens.

Les familles ouvrières, qui sont dépourvues des biens de la terre, avaient une place privilégiée dans son cœur. Avec quel soin paternel il protégeait les réunions dominicales, qu'il a laissées si florissantes et qui répandent un parfum d'édification dans toute la paroisse! Qu'il était heureux le jour où il lui fut donné d'installer les bibliothèques paroissiales, dont il sentait plus que jamais la nécessité, au milieu du dévergondage des lectures les plus frivoles et les plus dangereuses! C'est aussi avec une vive satisfaction qu'il vit se former le beau cercle catholique de Saint-Maurice, sur lequel il fondait les plus belles espérances pour la régénération de la classe ouvrière ; enfin il s'occupait de l'organisation définitive d'un patronage pour les apprentis, quand la mort est venue l'interrompre dans ses travaux : j'en trouve la preuve dans l'agenda du semainier, où d'une main tremblante il a tracé ces lignes, les dernières qu'il ait écrites : c'est à la date du 7 juillet 1878. « Nous commencerons, cette semaine, la » souscription pour les œuvres des jeunes ouvriers. Il n'y a » point d'œuvre plus nécessaire pour ces jeunes gens, plus » utile pour la société elle-même, et qui attire plus sur nous » les bénédictions de Dieu. Nous comptons sur la bonne » volonté de quelques hommes dévoués pour nous aider à la » réaliser et sur la générosité de tous. » A partir de ce jour, le semainier de la paroisse ne porte plus une seule ligne écrite de sa main : on peut dire que c'est le testament de son cœur. Ce testament a été recueilli après sa mort par un certain nombre de ses chers paroissiens, et, en ce moment, l'œuvre de ses dernières volontés se poursuit par leur générosité et leur dévouement.

A cette énumération déjà longue, il faudrait ajouter la part importante qu'il avait à toutes les œuvres de zèle, de charité et de bienfaisance, aux conférences de Saint-Vincent-de-Paul, aux écoles catholiques, aux sociétés de secours mutuels, des Canonniers sédentaires, des Sauveteurs du Nord ; et c'était partout la même bienveillance, les mêmes conseils, les mêmes encouragements que lui inspiraient sa longue expérience et son amour de la paix. Que d'œuvres diverses ; que de mérites acquis pendant toute une vie consacrée au bonheur de ses semblables ! Et ce n'était là que l'appoint ou le surcroît des fonctions multipliées de son saint ministère, la prédication, l'administration des sacrements, la conversion des pécheurs, le soin des malades, qui absorbaient presque tous ses instants. Ne peut-on pas lui appliquer l'éloge que fait le Psalmiste des mérites des saints : *Et dies pleni invenientur in eis.* (Ps. LXXII, 10)? Quelles journées remplies de mérites ! Quelle vie féconde en bonnes œuvres, pour la gloire de Dieu et le salut des âmes !

3° Zèle pour sa propre sanctification. Le prêtre est l'homme de Dieu : il doit être saint, pour remplir ses fonctions redoutables, devenir le modèle du troupeau et lui communiquer la grâce dont il est dépositaire sacré ! Ah ! si le bon Doyen de St-Maurice savait se dépenser sans réserve pour le salut de ses frères, c'est qu'il était intimement pénétré de la nécessité du salut et de la perfection. Il connaissait le monde , il connaissait les hommes, et il savait, par une longue expérience, qu'il n'est qu'un seul bien durable, qu'un seul bien capable de rassasier le cœur, c'est Dieu, le souverain bien, Dieu seul qui nous attire sans cesse par les charmes de sa charité infinie.

Certes, tout lui avait souri pendant la vie : la confiance et l'affection de ses paroissiens, l'estime générale, la considération des autorités, qui placèrent sur sa noble poitrine la croix de l'honneur, l'heureux achèvement de ses travaux ; que pouvait-il désirer de plus? Et cependant, dans ce grand cœur, il y avait un vide que toutes les satisfactions de ce monde ne pouvaient combler : c'est ce que saint Augustin a exprimé par cette mémorable parole : « Vous nous avez faits
» pour vous, ô mon Dieu, et notre cœur est toujours inquiet,
» jusqu'à ce qu'il se repose en vous. »

Telle fut l'aspiration de sa vie, telle fut la consolation de sa mort.

Depuis plusieurs années, il sentait ses forces diminuer sous l'action lente, mais progressive, de la maladie qui le minait intérieurement. Sa vigoureuse constitution le soutenait en apparence contre des défaillances, dont ses amis intimes seuls pénétraient la cause; et il souffrait doublement, parce que ses forces se refusaient à l'activité de son zèle; Dieu éprouvait ainsi son serviteur, pour mettre le dernier cachet de la perfection à cette belle vie, en y ajoutant ce je ne sais quoi d'achevé que donne la patience et la résignation à la volonté de Dieu. *(Patientia opus perfectum habet.)*

On peut dire que les derniers mois de sa vie furent une longue agonie, pendant laquelle sa haute vertu se purifia, comme l'or dans la fournaise. Après avoir reçu les derniers sacrements avec la plus grande édification, ne se sentant plus capable de remplir aucune fonction, il désira passer dans la solitude les dernières heures de sa vie; et il demanda un asile à une famille amie, qui l'accueillit comme un père. C'est là, dans cette douce retraite d'un mois, à l'ombre des grands arbres qu'il aimait tant, qu'il se prépara à paraître devant Dieu; après une vie si occupée et tout employée au service des autres, le souverain Maître lui ménageait ces quelques heures de repos et de tranquillité! Ses journées se passaient dans la prière, dans la solitude ou dans de pieux entretiens : il ne voyait plus que Dieu; il ne pensait qu'à Dieu; ou, si le souvenir de ceux qu'il avait aimés se représentait à son esprit, c'était pour les offrir et les recommander à Dieu.

Ce qui le consolait au milieu de ses souffrances, c'était la visite de son divin Maître, qu'il eut le bonheur de recevoir plusieurs fois pendant ces dernières semaines, et particulièrement le jour de sa mort. Dès lors, il fit le sacrifice de sa vie et dit adieu à ce monde qu'il allait quitter pour toujours, et à ses pieux amis qui l'entouraient de leurs soins et de leurs prières. Tout son entretien était avec son Dieu. Les dernières paroles qu'il prononça furent des paroles de bénédiction : tenant le crucifix en ses mains défaillantes, il dit d'une voix éteinte : « Je bénis tous mes chers paroissiens, ceux qui ont écouté mes conseils et ceux qui ne les ont pas écoutés ; je les recommande tous également au cœur de mon Sauveur Jésus ! »

Puis il se recueillit, et, après quelques heures d'agonie, il s'endormit du sommeil des justes, vers sept heures, au moment où l'on sonnait à Saint-Maurice l'*Angelus* du soir.

O vous tous qui l'avez connu, qui pendant de si longues années avez tenu une si grande place dans son cœur et dans sa sollicitude pastorale, vous, ses paroissiens, ses amis, vous garderez, j'en suis sûr, vous garderez pieusement son souvenir : un tel souvenir fait du bien à l'âme ; il attache à Dieu et à la religion.

Qu'il vous bénisse, ce bon pasteur, qu'il vous bénisse du haut du ciel, comme il l'a fait à ses derniers instants sur la terre ? Puisse-t-il nous obtenir la grâce de continuer parmi vous, malgré notre indignité, son fructueux ministère ! Puisse-t-il nous ménager auprès du souverain Juge une sentence favorable, afin que le troupeau et le pasteur ne fassent plus qu'un dans le séjour de l'éternité bienheureuse !

Ainsi soit-il.

Lille.—Imp.Lefebvre-Ducrocq